LLYFR MAWR
Sali Mali

Gomer

Cyhoeddwyd gyntaf yn 2015 gan
Wasg Gomer, Llandysul, Ceredigion, SA44 4JL
www.gomer.co.uk

ISBN 978 1 78562 047 8

Cyhoeddwyd gyda chymorth ariannol Cyngor Llyfrau Cymru.

Argraffwyd a rhwymwyd yng Nghymru gan Wasg Gomer, Llandysul, Ceredigion.

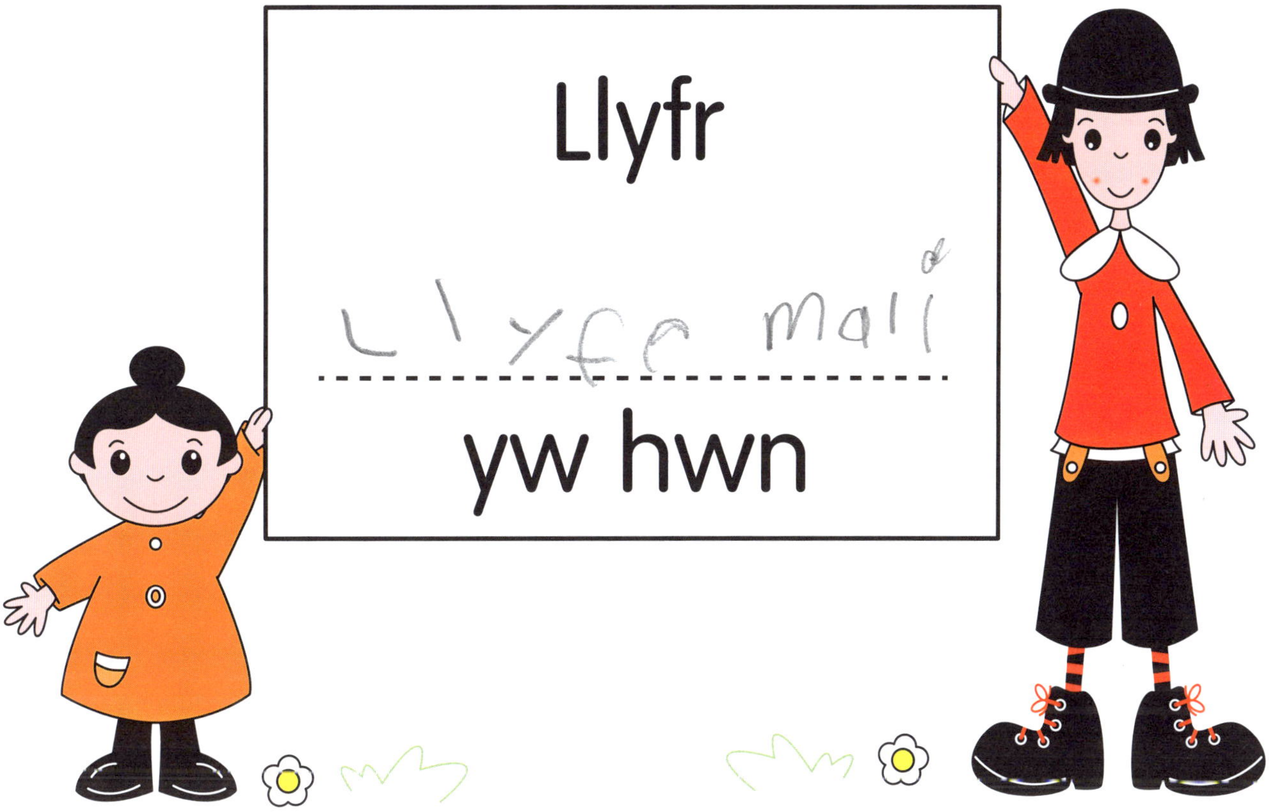
Llyfr
Llyfr mali
yw hwn

Mae hi'n ddiwrnod braf ac mae Jemeima Mop wedi rhoi llond basged o ddillad i'w sychu ar y lein. Ydych chi'n gallu gweld pa lythrennau sydd ar goll? Llenwch y bylchau.

d
e
f
ff
ll
n
o
u
y

Mae Bili Bom Bom yn hoff iawn o rocedi. Edrychwch arnyn nhw'n ofalus. Ydyn nhw yn union yr un fath? Rhowch gylch o amgylch y roced sy'n wahanol.

Mae Coblyn ar lan y môr ac mae e wedi creu pethau o dywod sy'n dechrau â'r llythyren 'c'. Ysgrifennwch y llythyren ar ddechrau pob gair.

c

☐i

☐astell

c

c

☐acen

c

☐wch

c

c

c

Pa rifau sydd ar goll ym mhob rhes?

Ydych chi'n gallu helpu'r **Pry Bach Tew** drwy lenwi'r bylchau?

Mae **Sali Mali** yn gwneud ymarferion cadw'n heini. Tynnwch linell i ddangos pa gysgod sy'n perthyn i ba lun.

Mae pawb yn hoffi garddio ym Mhentre Bach.
Cyfrwch y blodau ym mhob rhes a rhowch y rhif cywir yn y blwch.

Mae Palu yn chwilio am bethau sy'n dechrau â'r llythyren 'p'. Rhowch gylch o amgylch y lluniau cywir.

Mae Jac y Jwc yn hoffi teithio yn ei gar bach coch. Cyfrwch sawl un o'r pethau hyn sydd i'w gweld yn y llun, a rhowch y rhif cywir ym mhob blwch.

Lliwiwch y llun o Coblyn a'r garafán gan ddefnyddio'r un lliwiau yn union ag sydd yn y llun lliw.

Mae Pili Pala wedi cael sawl tusw o flodau ar ei phen-blwydd. Tynnwch linell o fâs i fâs i ddangos pa rai sydd yn union yr un fath.

Nawr lliwiwch y lluniau i gyd.

Mae Tomos Caradog yn chwilio am bethau sy'n dechrau â'r llythyren 't'. Rhowch gylch o amgylch y lluniau cywir.

Mae Bili Bom Bom wedi dod o hyd i sawl buwch goch gota yn yr ardd. Cyfrwch sawl smotyn sydd ar gefn pob un.

Ydych chi'n gallu gorffen hanner arall pob buwch goch gota nes bod y ddwy ochr yr un fath?

Ydych chi'n gallu dyfalu sut mae pob cymeriad yn teimlo? Tynnwch linell o bob cymeriad i'r wyneb cywir.

Cysylltwch y dotiau er mwyn gweld beth yw hoff siapiau'r Pry Bach Tew, Tomos Caradog a Dwmplen Malwoden.

Mae Pili Pala yn brysur yn peintio lluniau. Ydych chi'n gallu ei helpu? Darllenwch y brawddegau yn ofalus er mwyn defnyddio'r lliwiau cywir.

Lliwiwch y tractor **yn wyrdd**.

Lliwiwch yr eliffant **yn llwyd**.

Lliwiwch y jeli **yn borffor**.

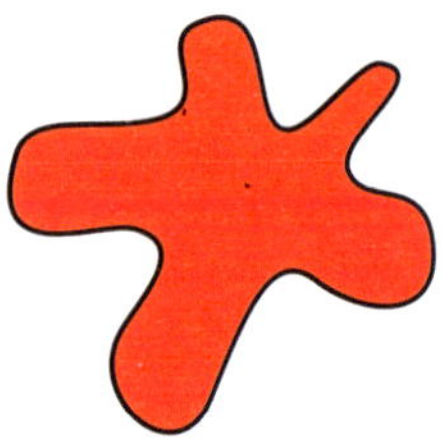

coch

Lliwiwch y car **yn goch**.

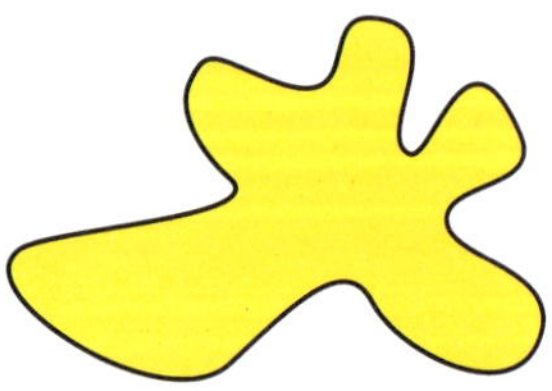

melyn

Lliwiwch yr hwyaden **yn felyn**.

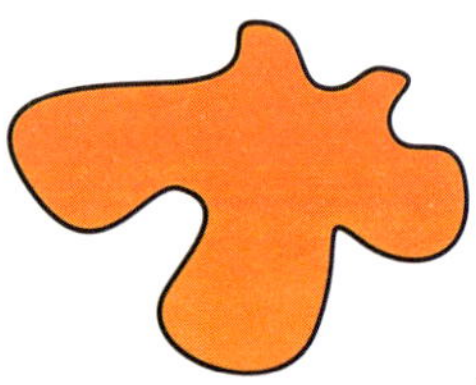

oren

gwyrdd

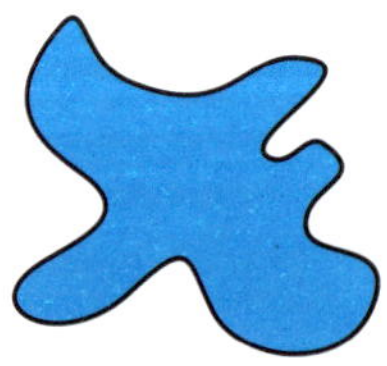

glas

Lliwiwch y
balŵn **yn las**.

Lliwiwch y
pysgodyn **yn oren**.

Lliwiwch y
gwdihŵ **yn frown**.

du

Lliwiwch yr
het **yn ddu**.

Lliwiwch y
mochyn **yn binc**.

llwyd

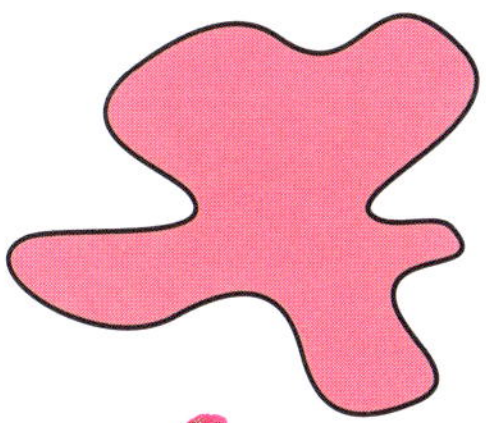

pinc

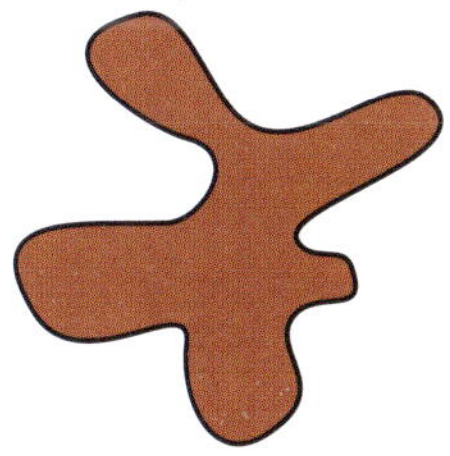

brown

porffor

Ydych chi'n gwybod pa rannau o gorff Jac y Jwc yw'r rhain? Tynnwch linell o bob gair i'r rhannau cywir o'r corff.

pen

coes

troed

braich

llaw

Mae Bili Bom Bom yn mwynhau gwneud jig-so. Allwch chi ei helpu i ddod o hyd i'r darn cywir i gwblhau pob llun? Tynnwch linell o'r darn sydd ar goll i bob jig-so.

Tynnwch lun i ddangos i Jaci Soch beth wnaethoch chi ar bob diwrnod yr wythnos hon.

Dydd Llun

Dydd Mawrth

Dydd Mercher

Dydd Iau

Dydd Gwener

Dydd Gwener

Dydd Sadwrn

Dydd Sadwrn

Dydd Sul

Dydd Sul

Tynnwch linell o ddot i ddot i ddarganfod beth yw hoff beth Palu.

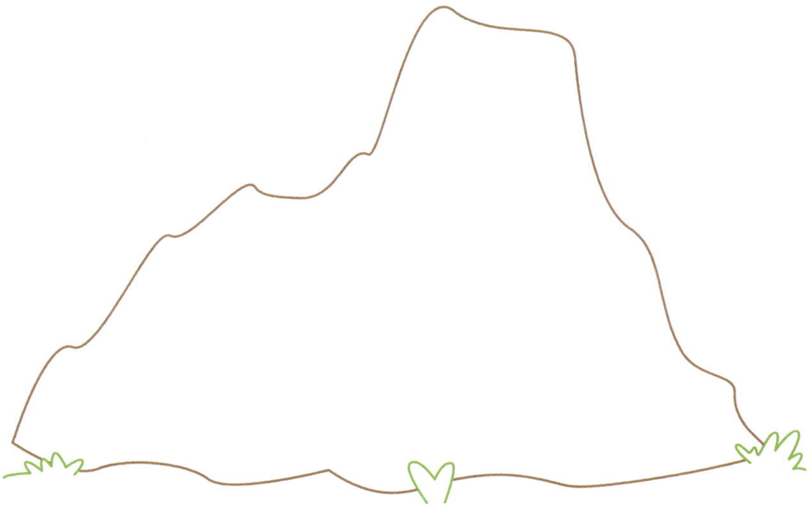

Mae'r tywydd wedi bod yn rhyfedd ym Mhentre Bach yr wythnos hon. Tynnwch linell er mwyn dangos beth roedd pawb yn ei wisgo ym mhob tywydd.

Mae Jac y Jwc yn dathlu ei ben-blwydd.
Tynnwch lun cacen iddo.

Mae Jac y Jwc wedi cael siwmper a sanau newydd sbon ar ei ben-blwydd. Gwnewch restr o'r pethau yr hoffech chi eu cael yn anrhegion ar eich pen-blwydd.

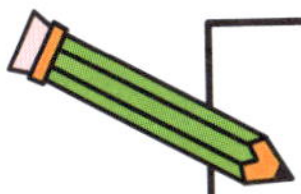

ISari mari

PenBlwydd

happis

Sarimali

ynchwech

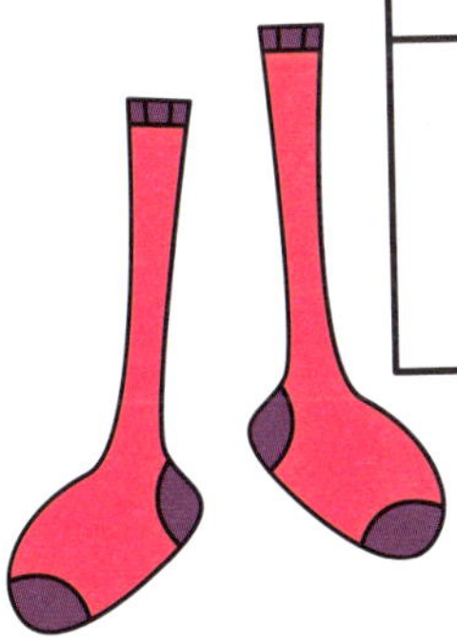

oid lotag

cerad add lw

th mall

Mae Bili Bom Bom wedi creu robot i'w helpu yn y garej. Gan ddilyn yr allwedd, lliwiwch bob siâp gan ddefnyddio'r lliwiau cywir.

cylch triongl sgwâr petryal

Mae'n amser cinio ac mae eisiau bwyd ar Tomos Caradog. Allwch chi ei helpu i gyrraedd y caws?

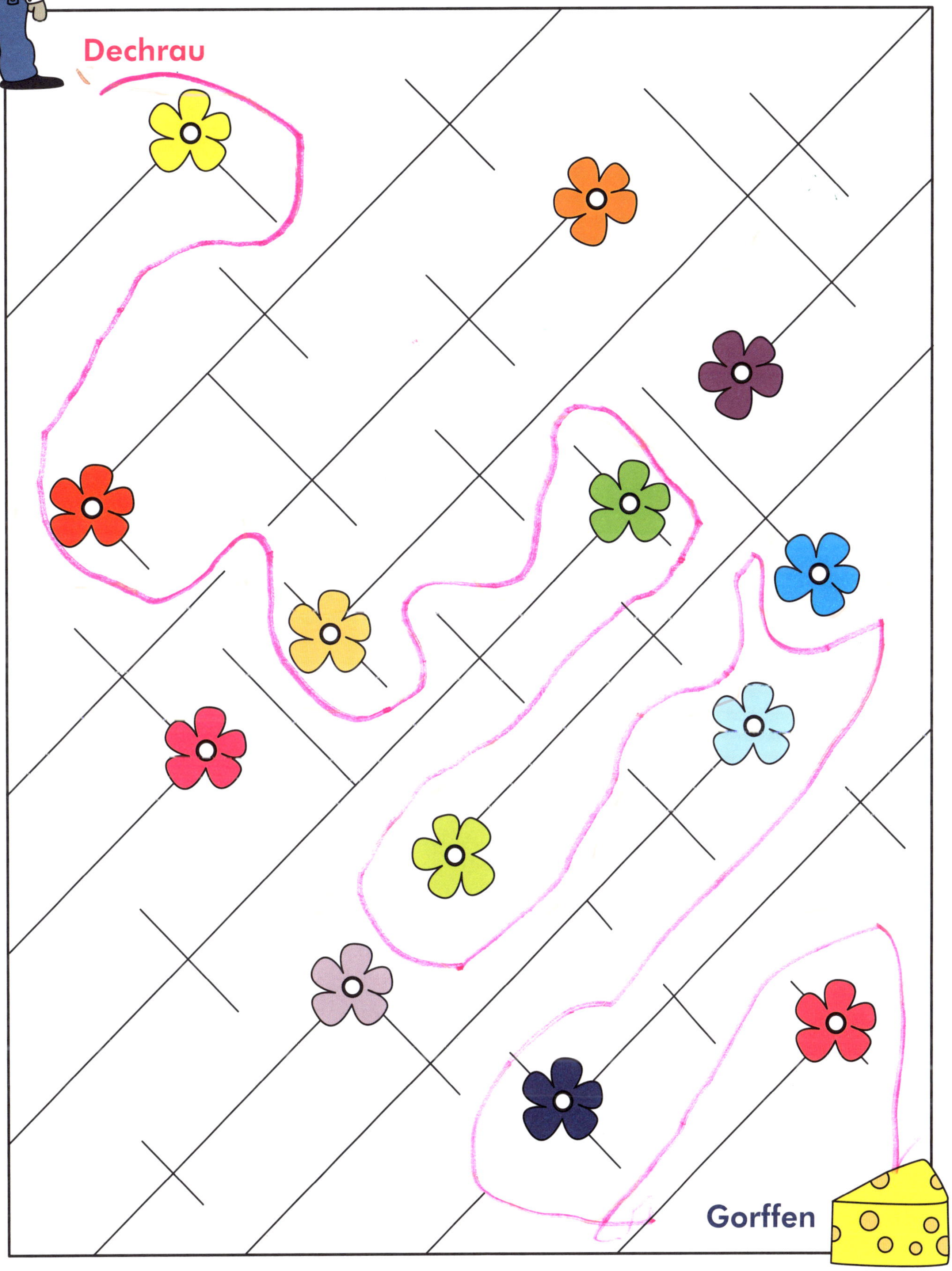

Mae Sali Mali yn cael wythnos brysur. Darllenwch y brawddegau'n ofalus ac ysgrifennwch y diwrnod cywir wrth ochr pob llun.

Dydd ....

Dydd ....

Dydd ....

Dydd Llun	Mae Sali Mali'n golchi dillad.
Dydd Mawrth	Mae Sali Mali'n siopa bwyd.
Dydd Mercher	Mae Sali Mali'n coginio.
Dydd Iau	Mae Sali Mali'n garddio.

Dydd ....

Dydd ....

Dydd ....

Dydd ....

Dydd Gwener	Mae Sali Mali'n beicio.
Dydd Sadwrn	Mae Sali Mali'n nofio.
Dydd Sul	Mae Sali Mali'n cael picnic.

Mae Pili Pala wedi bod yn chwilio am bethau siâp crwn. Ydych chi'n gallu gweld siâp cylch yn y lluniau hyn? Cysylltwch y dotiau er mwyn gorffen pob llun.

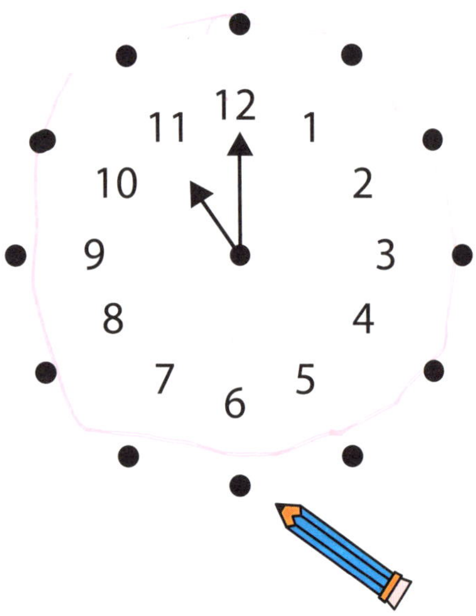

Mae Mrs Migl Magl yn mwynhau gwau.
Ydych chi'n gallu gweld 5 gwahaniaeth rhwng y ddau lun?

Mae Dwmplen Malwoden wedi drysu rhwng y tymhorau. Dilynwch y llinellau i weld pa bethau sy'n perthyn i ba dymor.

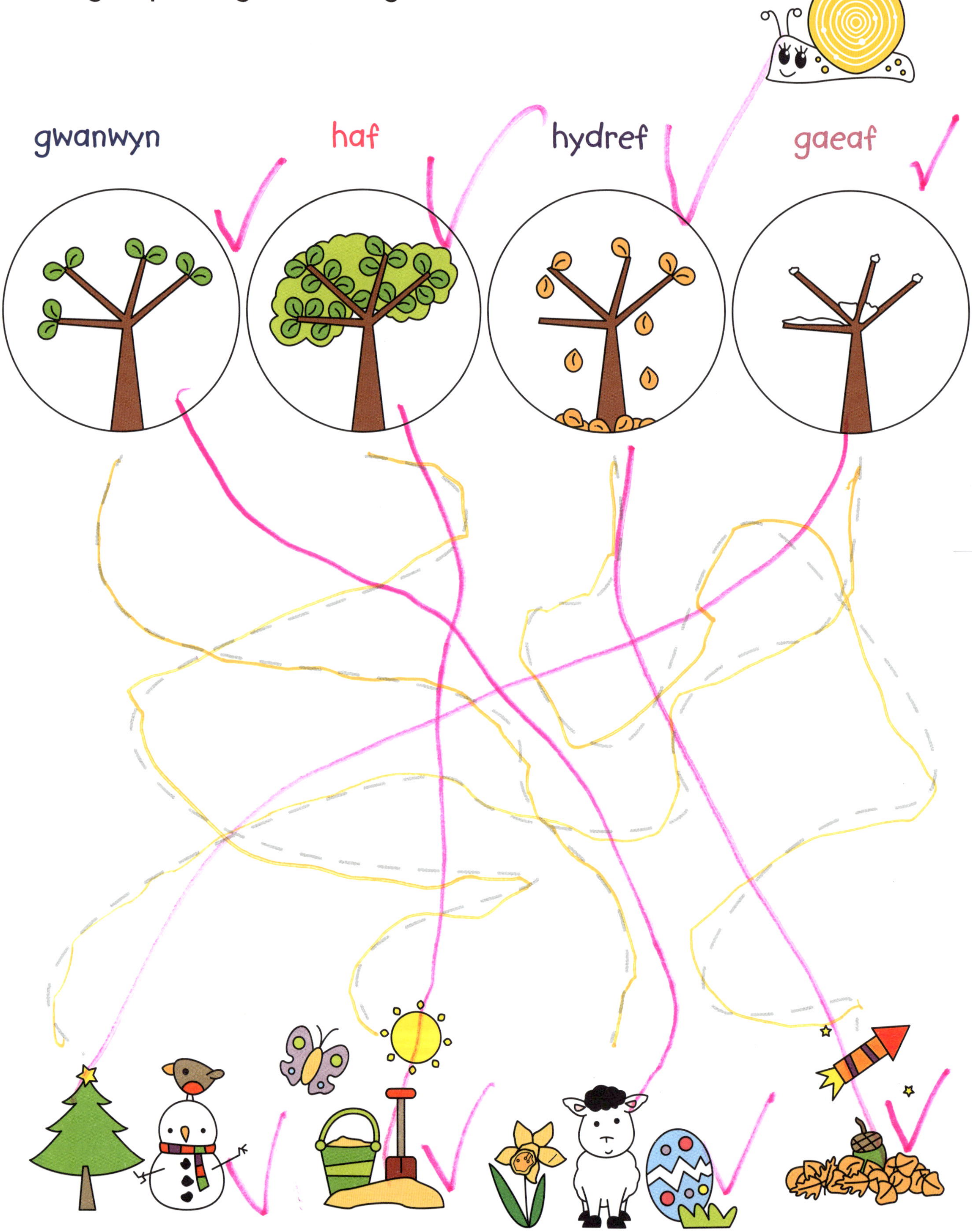

Ydych chi'n gallu helpu Palu i orffen y patrwm ym mhob rhes?

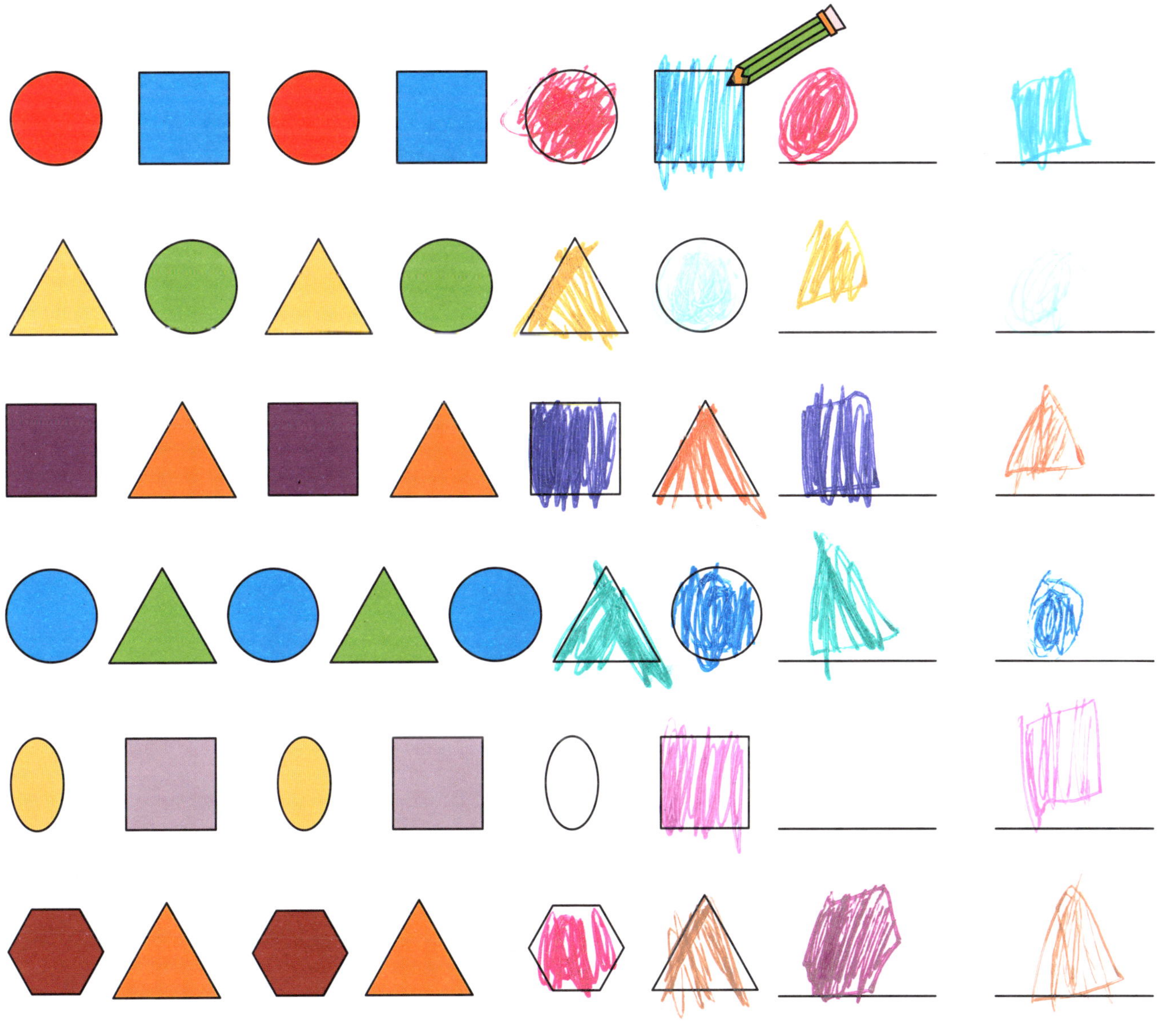

Mae Bili Bom Bom wedi mynd am dro i'r fferm i weld yr anifeiliaid. Allwch chi ddod o hyd i 4 anifail sydd ddim yn byw ar y fferm?

O diar, mae Jac y Jwc wedi baglu dros botiau paent ac mae'r lliwiau i gyd wedi cymysgu.
Pa liw newydd mae'r paent yn ei wneud?

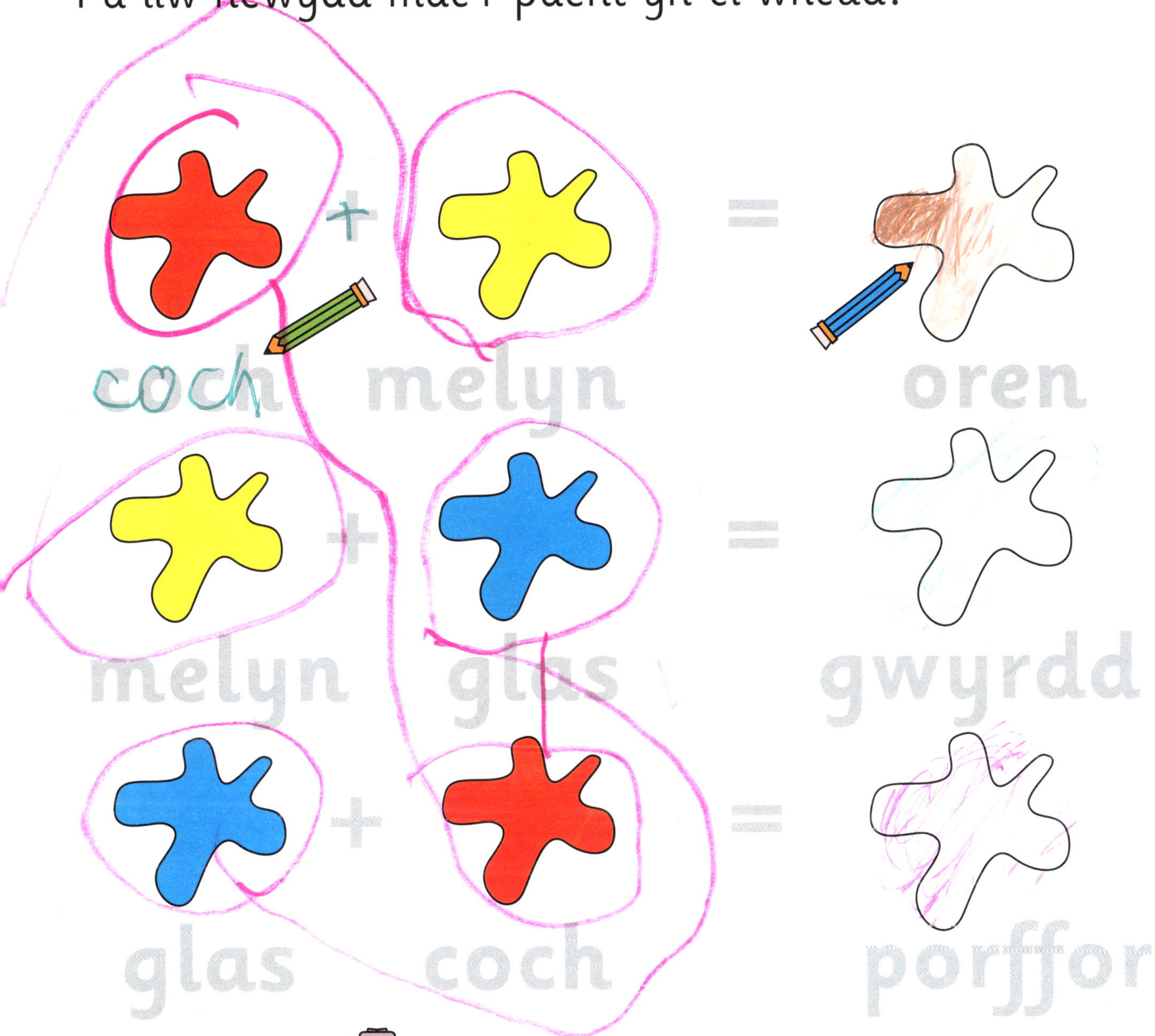

Mae'r gwanwyn wedi cyrraedd ac mae Jaci Soch yn cael hwyl yn gwylio'r ŵyn bach yn prancio. Ydych chi'n gallu ei helpu i ddod o hyd i'r ffordd at y cennin Pedr?

Mae'r Pry Bach Tew wedi dod o hyd i bethau tal a phethau byr. Edrychwch ar y lluniau ac ysgrifennwch **tal** neu **byr** o dan bob llun.

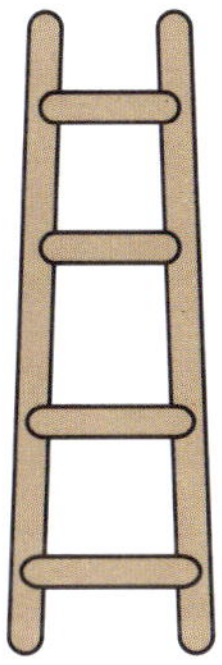

Mae Coblyn wedi hau hedyn blodyn haul yn yr ardd. Rhowch y rhifau **1**, **2** a **3** o dan bob llun i ddangos ym mha drefn mae'r lluniau'n digwydd.

Mae Dwmplen Malwoden yn brysur yn cyfri. Rhowch gylch o amgylch y cymeriad sydd â'r nifer mwyaf o ffrwythau.

Ticiwch y blwch cywir wrth ochr pob cwestiwn.

	Oes	Nac oes
Oes gan Jac Do fwy o ffrwythau na Tomos Caradog?		
Oes gan Tomos Caradog lai o ffrwythau na'r Pry Bach Tew?		
Oes gan y Pry Bach Tew fwy o ffrwythau na Jac Do?		

Mae **Mrs Migl Magl** wedi prynu sbienddrych newydd sbon. Pwy mae hi'n ei weld? Tynnwch linell o bob cylch i'r cymeriad cywir.

Mae hi'n ddiwrnod braf o haf ac mae Tomos Caradog yn cael hwyl ar lan y môr. Gan ddilyn yr allwedd, lliwiwch bob rhan o'r llun gan ddefnyddio'r lliwiau cywir.

Mae **Sali Mali** yn peintio'i thŷ. Rhowch y rhifau **1, 2 a 3** wrth ochr pob llun i ddangos ym mha drefn mae'r lluniau'n digwydd.

Nawr lliwiwch y llun canol.

O diar, mae cloc Jaci Soch wedi cwympo i'r llawr ac mae'r rhifau wedi cwympo oddi arno. Ydych chi'n gallu ei helpu i roi'r rhifau yn y mannau cywir ar y cloc?

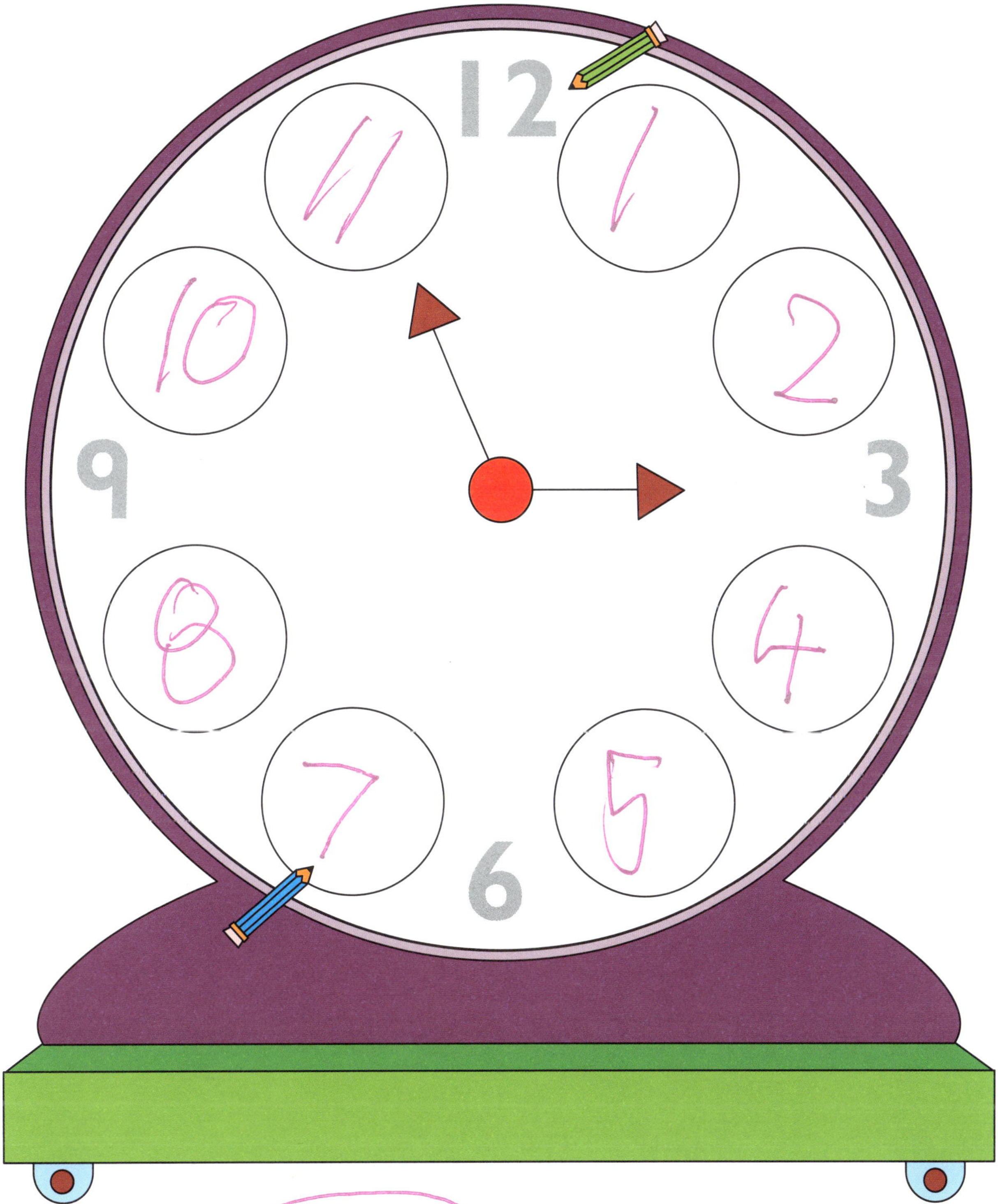

11 2 5 4 1 7 8 10

Mae **Jac Do** yn chwarae cuddio. Dewiswch y geiriau cywir i ddisgrifio ble mae e ym mhob llun.

Mae **Jac Do** ____________

y bowlen bysgod.

Mae **Jac Do**

____

y whilber.

Mae **Jac Do** ____________

y goeden.

---

y tu ôl   o dan   yn

Mae **Jac Do** ______________

y bêl.

Mae **Jac Do** ______________

y gadair.

Mae **Jac Do** ______________

i'r llyfrau.

---

wrth ochr   o flaen   ar

Mae'r hydref wedi cyrraedd ac mae Mrs Migl Magl yn gwau blanced i Jac y Jwc. Ydych chi'n gallu ei helpu i greu patrwm arni?

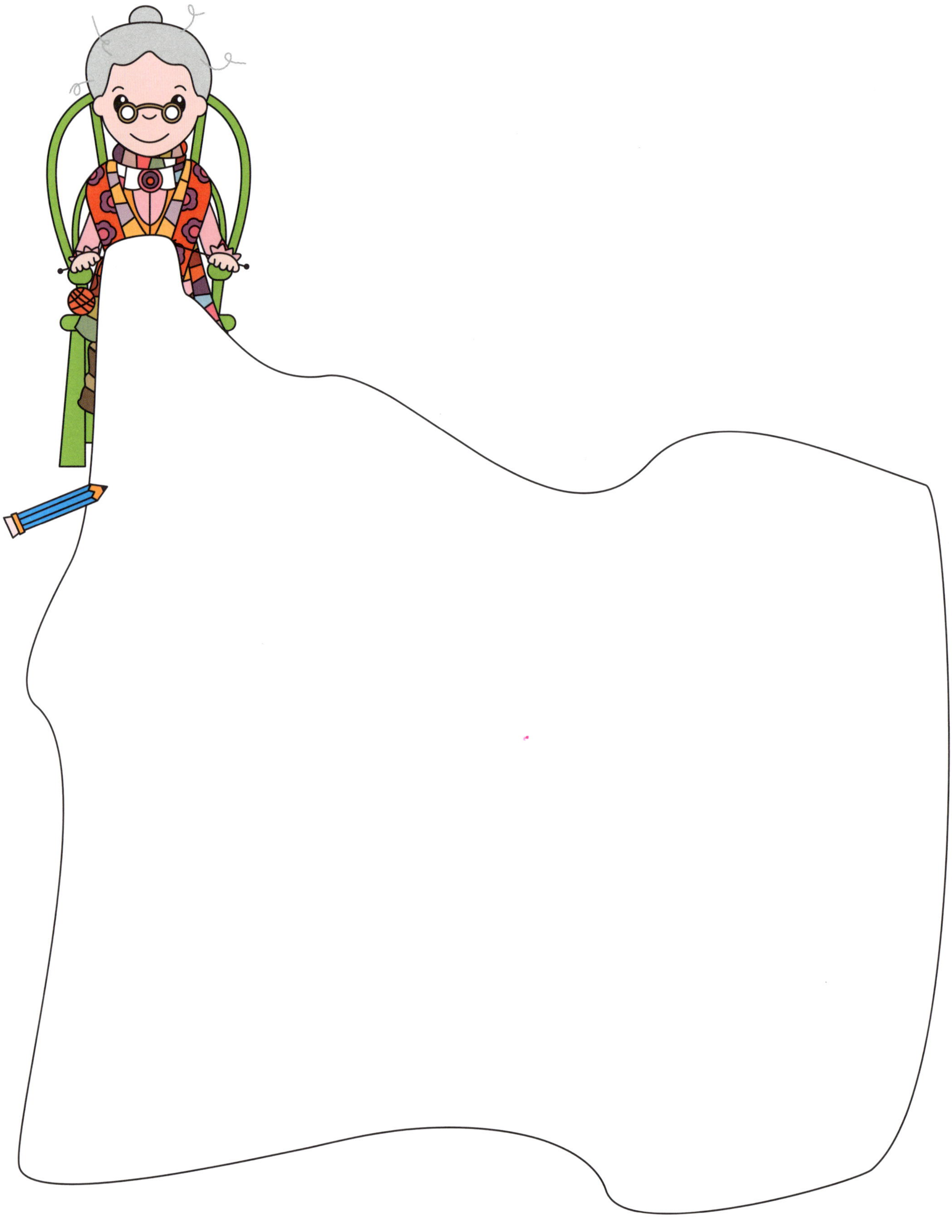

Mae Jemeima Mop yn barod i lanhau llawr y gegin. Allwch chi ei helpu i gyrraedd y bwced a'r mop?

Mae'n rhewi ym **Mhentre Bach** heddiw ac mae **Jac Do** yn oer iawn. Tynnwch lun i ddangos sut mae'r tywydd lle'r ydych chi.

Mae sawl cloc yn nhŷ Palu, ond mae amser gwahanol ar lawer ohonyn nhw. Tynnwch linell rhwng y clociau sy'n dweud yr un amser.

Ydych chi'n gallu helpu **Jaci Soch** i ddyfalu pa dymor yw hi ym mhob llun?

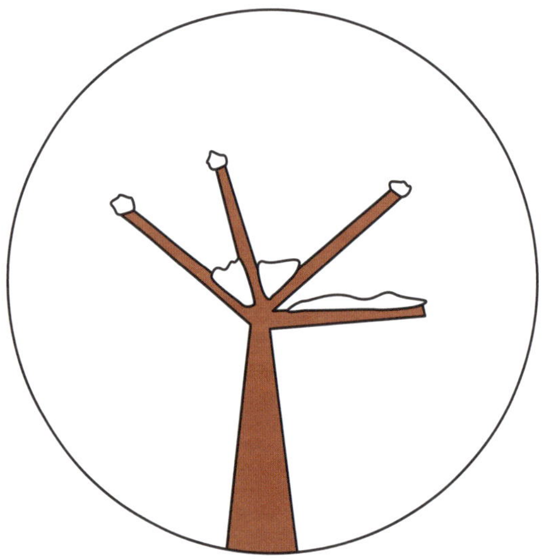

gaeaf haf hydref gwanwyn

Mae Jemeima Mop yn brysur bob dydd. Edrychwch ar bob cloc yn ofalus er mwyn gweld faint o'r gloch yw hi. Tynnwch linell o bob llun i'r amser y mae Jemeima Mop yn gwneud pob peth.

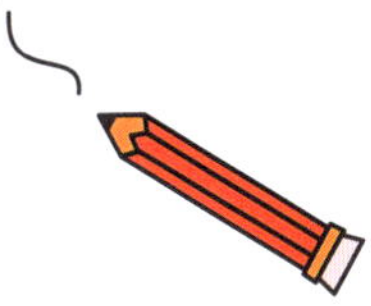

golchi dillad

Mae'n 11 o'r gloch.

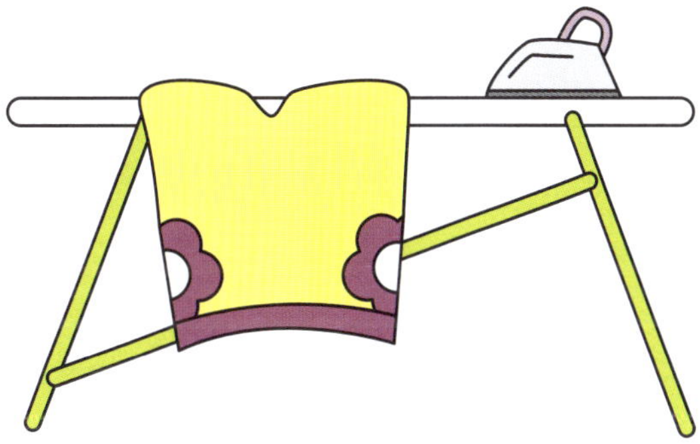

rhoi dillad ar y lein

Mae'n 3 o'r gloch.

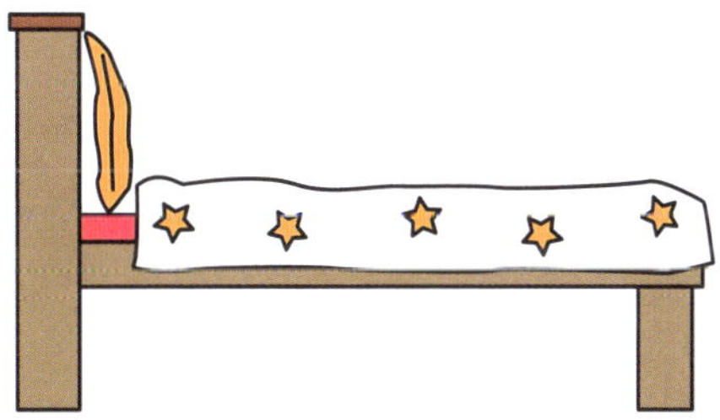

smwddio dillad

Mae'n 9 o'r gloch.

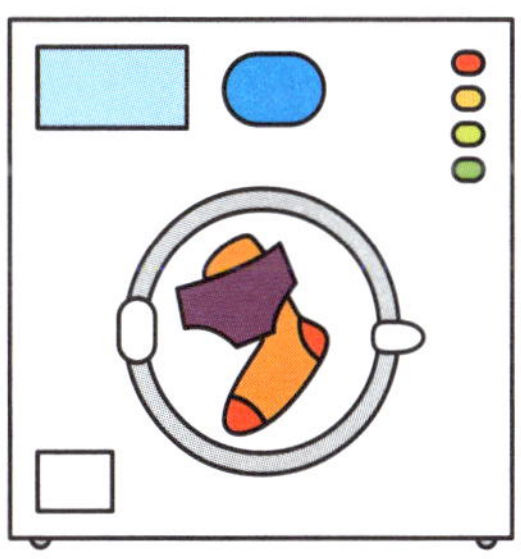

amser gwely

Mae'n 10 o'r gloch.

Mae Dwmplen Malwoden yn y parc. Ydych chi'n gallu ei helpu i ddarganfod beth sydd drymaf? Ticiwch y blwch cywir.

Mae angen help ar **Mrs Migl Magl** i ddewis y gair croes cywir ar gyfer pob llun. Ysgrifennwch y gair cywir yn y bylchau.

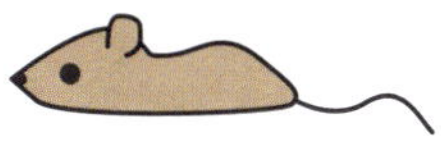

mawr ____________________

cyflym ____________________

araf	bach
oer	

cynnes ____________________

Mae Tomos Caradog ar y fferm. Ydych chi'n gallu dangos iddo beth mae pob anifail yn ei roi i ni? Tynnwch linell o bob anifail i'r llun cywir.

buwch

dafad

iâr

mochyn

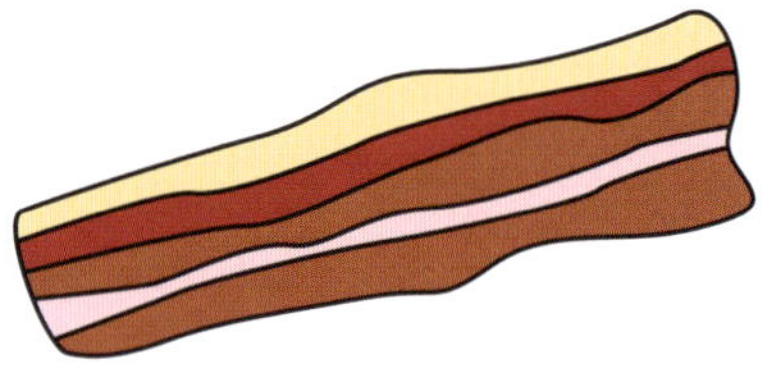

bacwn

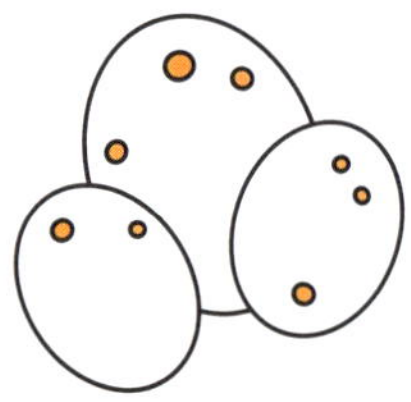

wyau

llaeth

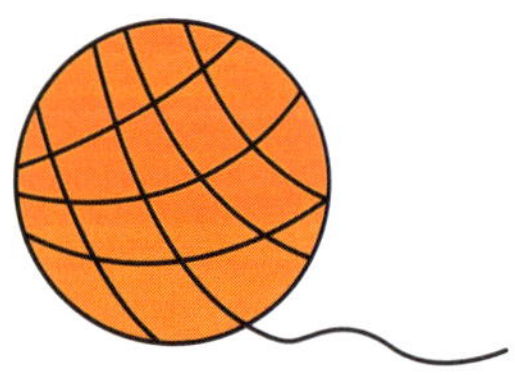

gwlân

Ydych chi'n gallu helpu Palu i ddod o hyd i'r ffordd at y Jac Codi Baw?

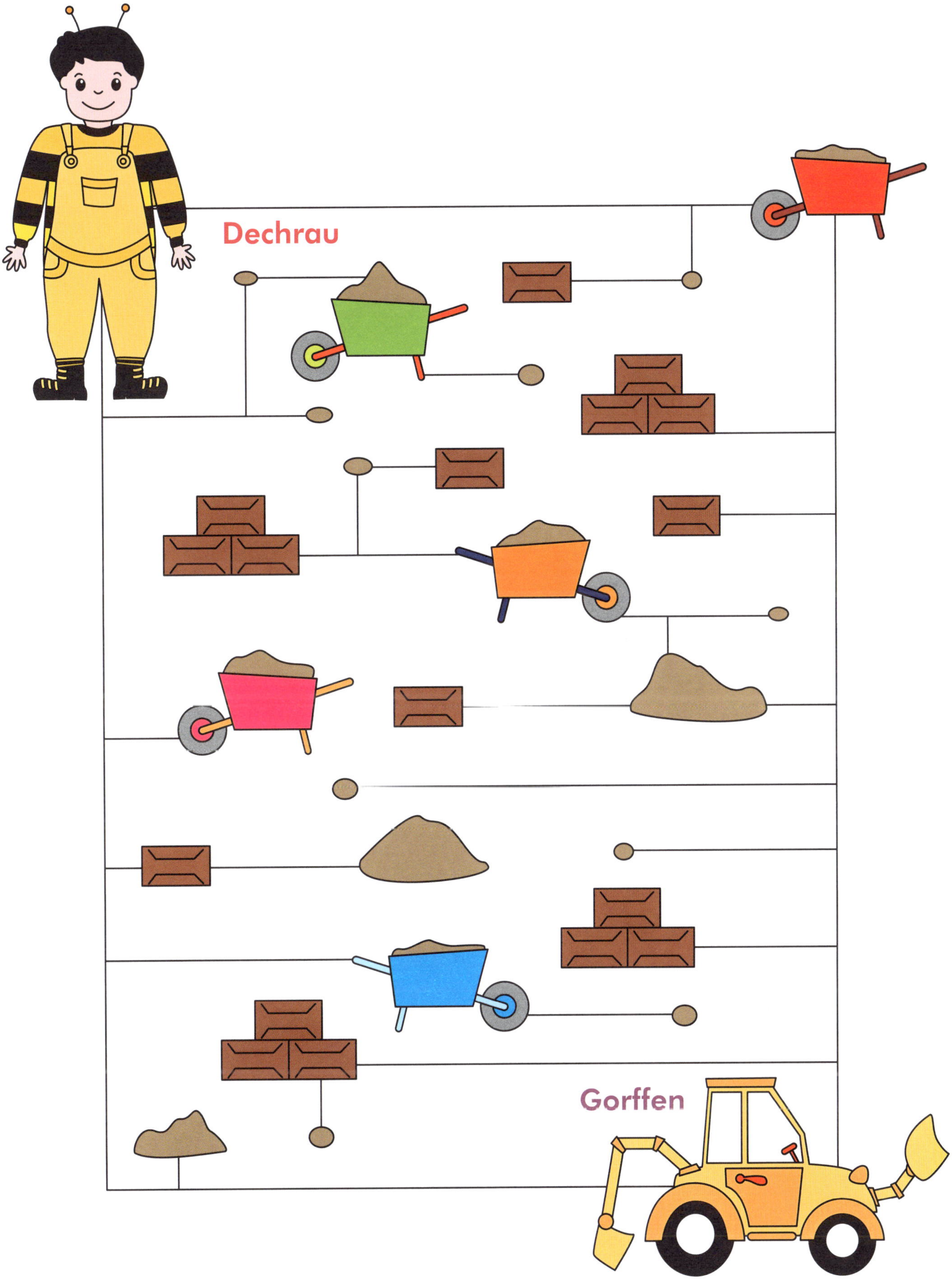

Ydych chi'n gallu helpu Jac Do i ddarganfod pa gysgod sy'n perthyn i ba gymeriad? Tynnwch linell o bob llun i'r cysgod cywir.

Mae Jemeima Mop yn hoffi geiriau sy'n swnio'n debyg. Mae **llaw** a **baw** yn odli. Tynnwch linell i ddangos pa eiriau eraill sy'n odli.

pêl

map

9

naw

llwyd

tap

mêl

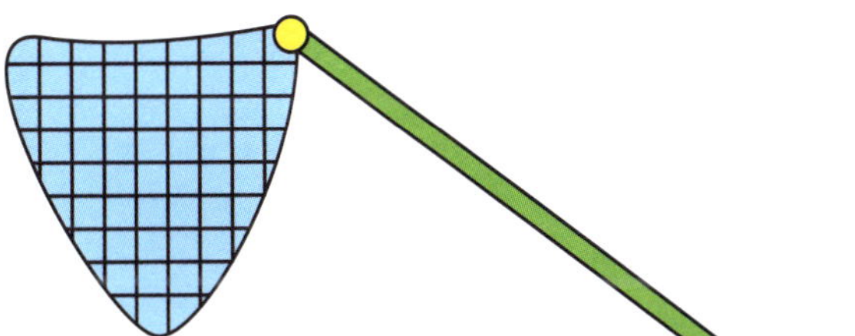

rhwyd

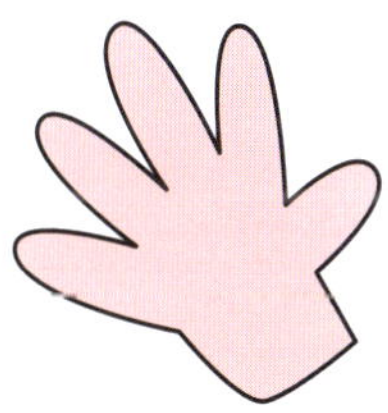

llaw

Mae pawb ym Mhentre Bach wedi dod ynghyd i gael picnic. Dyna hwyl! Lliwiwch y llun.

Mae Sali Mali yn barod i fynd i'r gwely. Rhowch y rhifau **1**, **2** a **3** wrth ochr pob llun i ddangos ym mha drefn mae'r lluniau'n digwydd.